평범한 우리 어린이들을
다음 세대 위인으로 만들어 줄 위인전!
효리원의 저학년 교과서 위인전은
초등학교 교과 과정에 나오는 국내외 위인들을
우리나라 최고 아동 문학가 53인이 재미있게 동화로
구성했습니다. 지혜와 용기로 위대한 삶을 산
위인들의 이야기는 어린이들의 마음속에
'나도 할 수 있다!'는 희망의 씨앗을
심어 줄 것입니다.

## 일러두기

1. 띄어쓰기와 맞춤법 : 초등학교 국어 교과서와 국립국어원의 『표준국어대사전』을 기준으로 하였습니다.

2. 외래어 지명과 인명 : 국립국어원의 『외래어 표기 용례집』을 기준으로 하였습니다.

3. 이해가 어려운 단어 : ( ) 안에 뜻풀이를 하였습니다.

4. 작가 연보 : 연도와 함께 나이를 표기하고, 업적을 간략히 소개하였습니다. 우리나라 위인은 태어난 해를 한 살로 하였고, 외국 위인은 만 나이를 한 살로 하였습니다. 정확한 자료가 없는 위인은 연도와 업적만을 나타냈습니다.

5. 내용 구성 : 위인의 삶은 역사적 자료를 바탕으로 최대한 사실적으로 구성하였습니다. 그러나 읽는 재미를 위해 대화 글이나 배경 묘사, 인물의 감정 표현 등에 작가의 상상력을 가미하였습니다.

6. 그림 구성 : 문헌을 바탕으로 위인이 살던 시대를 충실히 나타내도록 하되 복식의 색상이나 장식, 소품, 건물 등은 작가의 상상으로 그렸습니다.

7. 내용 감수 : 각 분야의 전문가들로 구성된 편집 위원들이 꼼꼼히 감수를 하였습니다.

## 편집 위원

**김용만**(우리역사문화연구소장)
교과서에서 만나는 위인들을 중심으로 일화와 함께 그림과 사진을 곁들여 지루하지 않게 읽을 수 있습니다. 술술 읽다 보면 학교 공부에도 많은 도움이 될 것입니다.

**신현득**(동시인, 전 새싹회 회장)
우리가 자주 듣고 접하는 역사 속 실존 인물들이 자신의 꿈을 이루기 위해 어떻게 노력했는지 깨달아 가면서 우리 어린이들은 한층 더 성숙해질 것입니다.

**윤재운**(동북아역사재단 연구 위원)
위인전을 읽으면서 어린이들은 시대를 넘어 간접 체험을 할 수 있습니다. 어떻게 살아야 하는지 인생에 대한 동기 부여와 함께 삶이 보다 풍요로워질 것입니다.

**이은경**(철학 박사, 전북과학대 유아교육학과 교수)
한 사람의 인격과 품성은 어릴 때 형성됩니다. 따라서 초등학교 저학년 때 어떤 책을 읽느냐에 따라 생각의 크기가 달라집니다. 어린이의 미래를 위해 이 책은 꼭 읽어야 합니다.

**이창열**(하버드 물리학 박사, 전 국가과학기술자문회의 전문 위원)
세상을 바꾼 위대한 인물의 이야기는 어린이의 인성 및 감성 발달에 큰 영향을 미칠 뿐 아니라 실험 정신과 개척 정신을 길러 줍니다. 용기와 지혜로 세상을 헤쳐 나가는 당당한 어린이를 꿈꾼다면 이 책은 꼭 한번 읽어 보아야 합니다.

**정재도**(한글학자)
위인으로 일컬어지는 이들은 어떤 생각을 하고, 어떤 삶을 살았을까요? 그들의 흔적을 담은 위인전은 복잡한 현대를 이끌어 갈 우리 어린이들에게 나침반과 같은 역할을 할 것입니다.

**조수철**(서울대학교 의과대학 소아정신과 교수)
위인전은 시대와 신분, 업적이 다른 위인들의 삶이 다양하고 흥미롭게 구성되어 있어 손쉽게 여러 삶의 모습을 만날 수 있습니다. 용기 있게 고난을 헤쳐 나간 위인의 이야기를 통해 삶의 지혜를 배울 수 있을 것입니다.

# 몽골 통일과
## 유라시아 제국 건설
### 칭기즈 칸

민현숙 글 / 김충열 그림

효리원
hyoreewon.com

인류의 역사를 살펴보면 그 시대의 선봉에 서서 문명의 발달을 위해 몸과 마음을 바친 수많은 사람이 등장합니다. 이들은 인류를 위해 노력과 희생을 아끼지 않은 결과, 후세로 하여금 위인이라는 이름으로 존경을 받게 됩니다.

위인의 일생에는 언제나 감동이 따르게 마련입니다. 그 바탕에 자기의 이익보다는 남을 먼저 생각하는 희생 정신이 깔려 있기 때문입니다.

칭기즈 칸이 수많은 전쟁에서 승리할 수 있었던 원동력 역시 이러한 희생 정신과 인간애에서 출발합니다.

그는 전쟁에서 적에게 빼앗은 물품들을 군사들에게 공정하게 나누어 주었으며, 포로로 잡힌 적군에게도 기회를 주는 자애로움과 인정을 베풀었습니다.

바로 이러한 점 때문에 오늘날 우리는 침략자이며 정복자인 칭기즈 칸에게서 위인다운 면모와 더불어 역사에 길이 남을 위대한 영웅의 모습을 발견할 수 있는 것입니다.

누구에게나 존경하는 사람이나 위인이 있게 마련입니다.

우리가 경험하지 못한 인생의 철학이나 지혜로운 삶을 위인이라는 큰 거울에 비추어 보며 자신이 갈 길을 가늠할 수 있기에 위인의 삶은 어린이들에게 그 어떤 교훈보다 큰 역할을 합니다.

학부모님과 선생님께서는 이 책을 읽을 어린이들을 위한 독서 지도 방법으로, 정복자 칭기즈 칸을 내세우기보다 그가 수많은 고난과 시련을 어떻게 극복해 내고 꿈을 이루어 나갔는지에 초점을 맞추어 주십시오.

또한 칭기즈 칸이 수많은 전쟁에서 승리를 거둘 수 있었던 가장 큰 원동력은 무력이 아니라, 정복자의 이면에 숨겨져 있었던 인간애와 자애로움이었다는 사실을 우리 어린이들이 깨달을 수 있도록 지도해 주시기 바랍니다.

칭기즈 칸은 지금으로부터 800여 년 전, 몽골 고원의 초원에서 태어났습니다. 그 무렵 몽골은 여러 부족으로 나뉘어 있었고, 부족들 간에는 전쟁이 그칠 날이 없었습니다. 이에 칭기즈 칸은 소년 시절부터 몽골을 통일할 큰 꿈을 품게 되었습니다.

칭기즈 칸은 마침내 이들 부족을 통일하는 데 성공했습니다. 그리고 이에 그치지 않고 서하와 금나라를 무찌른 뒤, 호라즘과 러시아까지 영토를 넓혔습니다.

칭기즈 칸이 위대한 영웅이며 위인으로서 손색이 없는 것은 탁월한 전략과 지휘력, 뛰어난 외교술 때문이며, 인간으로서의 능력을 최대한 발휘한 인물이기 때문입니다.

어린이 여러분도 칭기즈 칸의 발자취를 따라가며 큰 꿈과 용기를 배울 수 있기를 바랍니다.        글쓴이 민현숙

# 차례

테무친이라는
사내아이

칭기즈 칸이 태어난 것은 지금으로부터 800여 년 전인 1162년이었습니다.

그 무렵 몽골 사람들은 물과 목초가 있는 곳을 찾아다니며 '게르'라는 몽골의 전통 천막을 치고 살았습니다. 그들은 주로 말과 양 떼를 놓아 길렀는데, 가축이 풀을 모조리 먹어 버리면 새로운 풀밭을 찾아 옮겨 갔습니다. 이렇게 떠돌이 생활을 하는 사람들을 유목민이라고 합니다.

칭기즈 칸의 아버지 예수게이는 몽골 부족의 우두머리로,

몽골의 이동식 집인 게르

매우 용맹스러운 사람이었습니다.

예수게이의 조상 중에 암바카이 칸이라는 노인이 있었는데, 암바카이 칸 또한 용감하고 무예가 뛰어난 사람이었습니다.

암바카이 칸은 어느 날 부하 서너 명을 데리고 여행을 떠났습니다. 그러나 도중에 타타르 족에게 그만 붙잡히고 말았습니다. 타타르 족은 몹시 기뻐하면서 암바카이 칸을 금나라의 수도로 보냈습니다.

암바카이 칸을 따라갔던 부하 한 명이 간신히 도망쳐 와, 그

의 유언을 몽골 부족들에게 전했습니다.

"나의 자손들아! 나는 타타르 족의 함정에 빠져 금나라의 서울로 끌려가게 되었다. 나는 여기서 억울한 죽음을 당하니 너희가 반드시 나의 원수를 갚아 다오."

예수게이는 이와 같은 암바카이 칸의 유언을 한시도 잊지 않았습니다. 그리하여 여러 해 동안 기회가 오기만을 기다렸습니다.

마침내 때가 왔습니다. 타타르 족이 군사를 이끌고 크루순 강까지 쳐들어온 것입니다.

"드디어 원수를 갚을 기회가 왔구나!"

예수게이는 동생 오치긴과 함께 군대를 이끌고 크루순 강으로 달려갔습니다.

이윽고 먼동이 트자 갑자기 모래 먼지가 일어나며 요란한 말발굽 소리가 들려왔습니다.

"적이다! 적이 쳐들어왔다!"

타타르 족의 감시병이 외쳤지만 때는 이미 늦었습니다. 화살이 빗발치듯 천막 속으로 날아들었고, 놀라 뛰어나온 타타르 족의 군사들은 몽골 군사의 창에 무참히 쓰러지고 말았습니다.

날이 밝자 타타르 진영은 시체와 버려진 무기들로 가득했습니다.

"오치긴! 우리가 승리했다."

형제는 감격한 듯 서로를 와락 끌어안았습니다.

그때 포로인 듯한 한 사나이가 끌려왔습니다.

"네 이름이 무엇이냐?"

예수게이가 고함치듯 물었습니다.

"나는 테무친이다. 네가 몽골 부족의 예수게이냐?"

그 사나이는 조금도 두려워하는 기색이 없었습니다.

"음, 너는 적군이지만 죽이기엔 아까운 놈이다. 목숨만은 살려 주겠다."

"그럴 필요 없다. 그보다 목이 마르니 술이나 한 잔 다오."

테무친은 예수게이를 무척 얕보는 듯했습니다. 오치긴이 참

을 수가 없어 번개처럼 칼을 뽑아 들었습니다.

"오치긴, 기다려!"

하지만 예수게이가 말렸을 때는 이미 테무친의 목이 달아난 후였습니다.

이때 급히 말을 달려 온 심부름꾼이 예수게이의 아내가 사내아이를 낳았다는 소식을 전했습니다.

"테무친, 너는 적군이지만 훌륭한 군인이었다. 네 이름을 나에게 다오. 내 아들의 이름을 테무친이라고 하겠다."

예수게이는 죽은 적장(적군의 장수) 앞에서 이렇게 말했습니다. 그리고 그 자리에서 즉시, 태어난 아기에게 테무친이라는 이름을 지어 주었습니다.

용감한 적장의 이름을 그대로 물려받은 테무친, 그가 바로 훗날 몽골 왕국의 주인이 되어 대륙을 호령한 칭기즈 칸입니다.

# 약혼녀 보르테

테무친은 무럭무럭 자라 어느덧 여덟 살이 되었습니다.

몽골 부족 사람들은 강하고 아름답게 빛나는 테무친의 눈을 보고 입을 모아 말했습니다.

"머지않아 테무친은 훌륭한 왕이 될 게 틀림없어."

어느 날 테무친의 아버지 예수게이는 이제 아들의 약혼녀를 고를 때가 되었다고 생각했습니다.

그들 부자는 아침 일찍 올코노이트 부족이 살고 있는 곳을 향해 길을 떠났습니다.

예수게이는 말의 속도를 늦추었습니다. 멀리 언덕 쪽에서
한 남자가 예수게이에게로 다가오고 있었기 때문이었습니다.
"나는 옹기라트의 데이 세첸이라고 하오. 당신은 어디서 오
는 길이시오?"

"나는 예수게이라고 하오. 내 아들의 약혼녀를 정하기 위해 올코노이트로 가는 길입니다."

데이 세첸은 테무친을 찬찬히 훑어보았습니다.

"예수게이, 실은 내가 어젯밤에 하얀 매가 해와 달을 붙잡고 날아와 떨어뜨리고 가는 꿈을 꾸었다오. 그 꿈은 바로 당신과 이 아이를 만나려는 꿈이었던 것 같소. 그러니 우리 집에 들러 내 딸을 한번 보아 주시지 않겠소?"

"좋습니다. 그렇게 하지요."

예수게이는 데이 세첸과 말머리를 나란히 하고 달렸습니다. 마을에 도착한 데이 세첸은 예수게이 부자를 자신의 천막으로 데리고 갔습니다.

"제 아내인 코탄과 딸 보르테입니다."

예수게이는 소녀의 아름다운 얼굴을 보고 눈이 휘둥그레졌습니다.

데이 세첸의 아내가 술상을 내왔습니다. 데이 세첸은 예수게이의 술잔에 마유주(말의 젖으로 빚은 술)를 가득 따랐습니다.

"어떻습니까? 제 딸이 마음에 드십니까?"

"따님을 참으로 잘 키우셨군요. 결정했소이다. 따님을 우리 집안 며느리로 받아들이고 싶소."

보르테가 마음에 든 예수게이는 시원스럽게 대답했습니다.

"내 아들은 힘이 세고 사냥도 잘합니다."

"좋습니다. 제 딸을 드리겠습니다."

다음 날 아침이 되자 데이 세첸은 아내에게 다시 술을 준비하도록 시켰습니다.

"내 딸 보르테를 예수게이의 아들 테무친의 신부로 준다."

예수게이는 술을 받아 입으로 가져갔습니다.

이어 약혼자끼리도 술잔을 들어 굳은 약속을 했습니다.

아침 식사를 마친 예수게이는 천막을 나왔습니다.

"부디 몸조심해서 돌아가십시오."

데이 세첸은 이제 사돈이 된 예수게이에게 정중하게 작별 인사를 했습니다.

응형금관식

칭기즈 칸 시대에 만들어진 은 접시

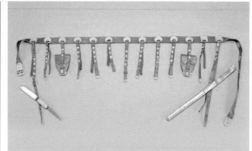
돌궐족이 만든 금제 허리띠

"몽골 왕족인 우리 보르지긴 족의 조상은 푸른 늑대요. 내 몸에는 그 피가 흐르고 있으니 두려울 것 없소이다. 그럼 내 아들을 잘 부탁하오."

그 시대 몽골에서는 약혼을 하면 남자는 여자의 집에서 살면서 일을 도와주는 풍습이 있었습니다. 그래서 테무친은 데이 세첸의 천막에 남고, 예수게이 혼자 고향으로 돌아가야 했습니다.

아버지 예수게이는 테무친에게 다시 만날 때까지 잘하고 있으라는 당부를 남기고 길을 떠났습니다. 하지만 그때가 마지막이었습니다. 불행하게도 그날 이후 아버지와 아들은 다시 만날 수 없었습니다.

# 아버지의 죽음

그로부터 열흘 정도가 지난 어느 날 아침이었습니다. 테무친의 고향 집에서 온 한 청년이 급하게 데이 세첸의 천막을 찾았습니다.

"예수게이님께서 테무친에게 급히 할 말이 있다고 하십니다. 그래서 테무친을 데리러 왔습니다."

"알겠소이다. 그렇게 하시지요."

데이 세첸은 무언가 까닭이 있을 것이라고 생각했습니다. 테무친은 약혼녀의 가족들에게 작별 인사를 한 뒤 말에 올랐습니다. 테무친은 쉬지 않고 말을 달렸습니다.

이윽고 멀리 몽골 부족 마을이 보이기 시작했습니다. 말에서 급히 뛰어내린 테무친은 어떤 강한 냄새에 코를 찡그렸습니다.

'이건 향 냄새가 아닌가! 왜 향을 피운 것일까?'

천막 안으로 들어선 테무친은 어머니 등 뒤로 보이는 검은 형체를 보고서야 향을 피운 이유를 알 수 있었습니다.

"네 아버지가 돌아가셨다. 네가 돌아올 때까지 눈을 감지 않으려 애쓰셨다만……."

테무친은 불에 덴 것 같은 충격을 받았습니다.

"믿을 수 없어요. 아버지는 건강 하셨잖아요!"

"너를 옹기라트 부족과 약혼시키고 돌아오는 길이었다. 네 아버지는 타타르 족 사람들을 만나게 되었고, 그들이 주는 술을 의심 없이 받아 마셨단다……."

차라카 노인의 말에 의하면, 그것은 예수게이를 죽이기 위해 타타르 족이 꾸민 짓이었던 것입니다.

예수게이의 시신은 신성한 산의 햇볕이 잘 드는 바위 위에 눕혀졌습니다. 몽골 부족은 바위에 기대 놓은 시신이 저절로 썩거나 늑대가 먹어 치우면, 그 영혼이 바위에 스며들어 정령을 만나게 된다고 믿었습니다.

이제 겨우 여덟 살밖에 안 된 테무친에게는 몽골 부족을 다스릴 힘이 아직 없었습니다. 이 때문에 예수게이와 뜻을 같이하던 사람들이 하나둘 몽골 부족을 떠나갔습니다.

그중 가장 먼저 등을 돌린 사람은 타이치오트 부족의 타르코타이였습니다.

"그대는 예수게이와 맺은 동맹을 잊었단 말인가!"

차라카 노인이 타르코타이 앞을 가로막으며 소리쳤습니다.

"우리는 우리 살 길을 찾아 떠나는 것뿐이다."

타르코타이는 잔인하게 노인을 창으로 찔렀습니다. 테무친이 달려가 노인을 안아 일으켰습니다.

"테무친, 네 아버지는 훌륭한 사람이었다. 너는 반드시 아버지의 원수를 갚아야 한다."

차라카 노인의 눈에서 눈물이 흘러내렸습니다.

"차라카, 고마워요. 절대로 잊지 않을게요."

테무친의 눈에서도 뜨거운 눈물이 흘러내렸습니다.

# 우정을 약속한 친구

테무친에게는 자무카라는 친구가 있었습니다.

"우리도 어른들처럼 안다(의형제를 맺는 몽골의 풍습)가 되자."

"좋아! 안다가 되자!"

테무친도 바라던 일이었습니다.

"그런데 맹세의 표시로 무엇을 교환할까?"

"나는 울림 화살(적을 위협하거나 주위를 환기시키기 위해 쏘는 화살)을 만들 줄 알아. 너도 만들 수 있겠지?"

"물론이야."

"우리 그것을 만들어 교환하자."

며칠 후 두 사람은 코르코나크 강변에서 다시 만나 서로의 울림 화살을 바꾸어 가졌습니다.

"안다!"

둘은 외치면서 서로 굳게 껴안았습니다. 그리고 영원한 우정을 약속했습니다.

"테무친! 우리는 서로를 소중히 하고 어려운 일이 생기면 서로 돕기로 하자."

"좋다! 비가 오나 눈이 오나 나는 그 약속을 꼭 지키겠다."

테무친과 자무카는 어른들을 흉내 내어 의젓하게 말했습니다.

하지만 두 소년의 우정은 그리 오래가지 못했습니다. 자무카의 가족이 몽골 부족을 떠나기로 한 것입니다.

테무친의 어머니는 나무 열매와 들쥐로 배고픔을 달래며 다섯 남매를 열심히 키웠습니다. 어머니에게는 오직 아이들만이 희망이었습니다.

"어서 커서 아버지 원수를 갚고, 몽골 부족을 다시 일으켜 다오."

보잘것없는 초라한 천막 속에서 어머니는 늘 이렇게 말했습니다.

어느 날 밤, 테무친이 살고 있는 천막으로 누군가 급히 찾아왔습니다.

"어서 도망가십시오. 타이치오트 족의 타르코타이가 테무친을 잡으러 올 것입니다."

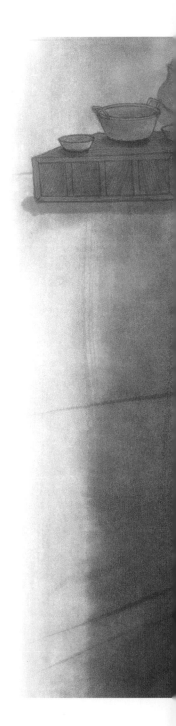

그는 삼촌 오치긴이 보낸 부하로, 위험을 알리기 위해 이곳까지 왔다고 했습니다.

"어서 떠나라. 네 목숨은 너 혼자만의 목숨이 아니다. 너는 몽골 부족의 희망임을 잊지 마라."

어머니의 말에 테무친은 마지못해 허리에 칼을 차고 천막을 나왔습니다. 그리고 오난 강을 건너 켄테이 산 깊은 숲속으로 도망쳤습니다. 그렇게 한참을 걷던 테무친은 문득 이상한 느낌에 눈을 들어 앞을 보았습니다.

"앗, 적군이다!"

하지만 때는 늦었습니다. 테무친이 나타나자 타이치오트 족 군사들이 재빨리 다가와 테무친의 목에 칼(죄인에게 씌우는 형틀)을 씌웠습니다.

"이 꼬마 녀석의 눈빛을 봐. 이런 놈을 살려 두면 훗날 좋지 않은 일이 생길 것이다."

타르코타이는 테무친을 끌고 다니며 으스댔습니다.

# 은인을 만나다

테무친은 목에 칼을 쓴 채로 소나무에 묶였습니다. 테무친을 감시하는 사람이라고는 타이치오트 부족의 어린아이들뿐이었습니다.

"난 어차피 죽게 될 거야. 그러니 내 품 안의 물건은 네가 가져라."

테무친은 감시하는 소년에게 이렇게 말을 걸었습니다.

소년은 망설이다가 테무친에게로 다가왔습니다. 테무친은 소년이 좀 더 가까이 다가오기를 기다렸다가 목에 씌워진 칼로 소년의 머리를 힘껏 내리쳤습니다. 소년은 그 자리에서 기절을 하고 말았습니다.

테무친은 칼을 쓴 채로 달아났습니다.

"큰일 났다! 테무친이 도망쳤다!"

멀리서 군사들이 외치는 소리가 들려왔습니다. 테무친은 얼른 냇물 속으로 들어가 숨었습니다.

그때 횃불을 든 타르코타이의 부하 소르칸 시라가 가까이 다가왔습니다.

"테무친, 너는 몽골 부족을 위해 일할 인물이니 살아남아야 한다. 그러니 잘 숨어 있도록 해라."

소르칸 시라는 말을 마친 뒤 몸을 돌려 사라졌습니다.

테무친은 물속에서 나와 무작정 걸었습니다. 하지만 물을 먹은 칼이 무거워 더 이상 걸을 수가 없었습니다.

"아무래도 소르칸 시라한테 다시 사정해 봐야겠다."

테무친은 소르칸 시라의 천막을 향해 걸었습니다.

"가족들에게 돌아가라고 했는데 왜 다시 왔지?"

소르칸 시라가 몹시 놀란 표정을 지었습니다.

"아버지, 참새가 매에게 쫓기면 풀숲은 참새를 숨겨 구해 준다고 들었습니다."

소르칸 시라의 아들 친베와 칠라운이 아버지 앞에 나서며 말했습니다.

"그러면 우리가 위험해진다. 한 번 모른 척해 준 것만으로도 나는 도리를 지킨 셈이야."

하지만 친베와 칠라운은 아버지의 말을 듣지 않고 테무친을 풀어 주자고 고집을 부렸습니다.

"음, 이렇게 된 이상 어쩔 수 없군."

소르칸 시라는 양모를 쌓아 놓은 수레 속에 테무친을 숨기고는 두 아들에게 양모를 수북이 덮으라고 했습니다.

다음 날 타이치오트 족 군사들이 소르칸 시라의 집으로 들이닥쳤습니다. 그들은 소르칸 시라의 집을 샅샅이 뒤지기 시작했습니다.

"남은 것은 이 수레밖에 없군."

41

군사들은 빠른 손놀림으로 양모를 끌어내리기
시작했습니다.
"이렇게 더운 날, 사람이 양모 속에 숨어 있을
수 있을까요?"
"하긴······."

군사들은 소르칸 시라의 말이 옳다 싶었는지, 양모 수레 뒤 지기를 포기하고는 마유주로 목을 축인 뒤 다른 곳으로 가 버렸습니다.

"이번엔 꼭 집으로 돌아가야 한다."

소르칸 시라는 테무친에게 약간의 음식과 함께 활 하나와 화살 두 개를 주었습니다.

천막에서 나온 테무친은 그리운 어머니의 흔적을 찾아 계속 걸었습니다. 여러 날을 헤맨 끝에 테무친은 드디어 어머니의 천막이 있는 곳까지 왔습니다.

"테무친! 무사했구나. 우리는 네가 돌아오기만을 기다리고 있었단다."

어머니와 이복형 벨구테이, 동생들은 모두 무사했습니다. 그들은 테무친이 돌아오자 무척 반가워했습니다. 테무친도 다시 가족들과 함께 살게 되어 기뻤습니다.

세월이 흘러 테무친도 어느새 열일곱 살의 청년이 되었습니다. 그는 형 벨구테이와 함께 어머니 대신 집안을 이끌어 나갔습니다. 부지런한 형제는 열심히 일해 말을 아홉 마리나 갖게 되었습니다.

테무친 형제가 사냥에서 돌아오는 길이었습니다.

"형님, 말이 보이지 않아요!"

동생 하살이 문득 걸음을 멈추고 외쳤습니다.

"산적들의 짓이 틀림없어. 말을 찾으러 가야겠다."

테무친은 남아 있는 말 한 마리에 풀쩍 뛰어올랐습니다. 그리고 뒤도 돌아보지 않고 힘껏 달렸습니다. 그러나 아무리 달려도 산적들은 보이지 않았습니다.

집을 떠난 지 나흘째 되는 날, 테무친은 말 젖을 짜고 있는 청년을 만날 수 있었습니다.

테무친은 그 청년에게 다가가 말을 찾아 나선 사연을 자세히 들려주었습니다.

"그 말이라면 조금 전에 지나갔소. 지금 가면 따라잡을 수 있을 거요. 내가 길을 안내하겠소."

청년은 테무친에게 갈아탈 말을 주고, 식량을 준비하여 말에 올랐습니다.

"내 이름은 보오르추라고 하오. 아버지는 옹기라트 부족의 대장이지요."

"나는 몽골 부족의 테무친이라고 하오."

"당신을 처음 보는 순간부터 친구가 되고 싶었다오. 나는 당신이 겪은 일을 잘 알고 있어요. 나와 친구가 되어 주지 않겠소?”

"그러지요. 나 역시 좋은 친구를 얻어 기쁘오.”

두 사람은 말을 찾아 며칠째 초원을 헤매었습니다. 그리고 사흘째 되는 날이었습니다.

"저기 내 말이 있다!”

테무친은 풀밭을 가리키며 기쁜 목소리로 외쳤습니다.

"좋아, 우리 둘이 힘을 합쳐 찾아오자.”

보오르추가 활을 단단히 고쳐 잡았습니다.

뒤에서는 칼을 든 산적들이 무섭게 쫓아오고 있었습니다. 테무친이 자신의 말에 올라타고는 보오르추가 있는 쪽으로 달려왔습니다. 보오르추는 때를 놓치지 않고 화살을 쏘아 댔습니다. 그러자 산적들은 말을 포기하고 달아나 버렸습니다.

"보오르추, 고맙다. 모두 네 덕분이야.”

"고맙긴. 우린 친구잖아.”

테무친과 보오르추는 기쁜 마음으로 사막을 힘차게 달렸습니다.

보오르추가 집으로 돌아오자 아버지 나우파얀은 눈물을 흘리며 몹시 기뻐했습니다. 나우파얀은 보오르추가 갑자기 사라져 걱정을 하던 중이었습니다.

보오르추는 그동안 있었던 일을 아버지에게 자세히 들려주

었습니다.

"너희는 앞으로 서로 도우며 살아가거라. 그리고 테무친, 네가 몽골 부족을 다시 일으키기 위해서는 케레이트 부족의 왕인 완 칸의 도움이 필요할 게다."

테무친은 나우파얀의 말을 귀담아들었습니다.

케레이트 부족의 완 칸은 숙부 그루 칸과의 전쟁에서 크게 져 왕위에서 물러나야만 했습니다. 그때 테무친의 아버지 예수게이의 도움으로 완 칸은 그루 칸을 물리치고 케레이트 부족의 땅을 되찾을 수 있었습니다.

나우파얀으로부터 이와 같은 이야기를 들은 테무친은 하루 빨리 완 칸을 만나 보고 싶었습니다.

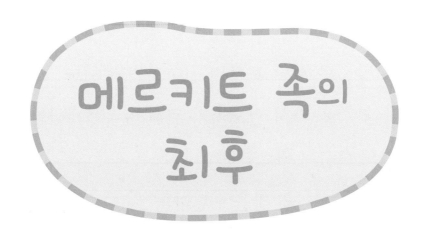

# 메르키트 족의 최후

여름이 지나고 가을이 되었습니다. 테무친은 이제 보르테를 데리고 와야겠다고 생각했습니다.

데이 세첸은 테무친을 반갑게 맞아 주었습니다. 그리고 결혼 선물로 많은 노예와 갖가지 선물을 주었습니다. 그 중에는 값비싼 담비 가죽 옷도 있었습니다.

신부를 집으로 데려온 테무친은 완 칸을 만날 채비를 서둘렀습니다.

마침 완 칸은 토올라 강의 '검은 숲'에서 군사 훈련을 하고

**영화 「칭기즈 칸」의 한 장면** | 세계적인 대제국을 세운 칭기즈 칸을 소재로 한 영화의 한 장면입니다. 당시 몽골의 기마대는 주변 국가들에게 공포의 대상이었습니다.

있었습니다.

완 칸은 예수게이의 아들 테무친이 찾아왔다고 하자 반갑게 맞아 주었습니다.

"보잘것없는 물건이지만 선물이니 받아 주십시오."

완 칸은 귀한 담비 가죽 옷을 선물로 받고 무척 기뻐했습니다.

"나와 예수게이는 의형제를 맺은 사이다. 그러니 네 부탁이라면 무엇이든 다 들어주겠다."

"고맙습니다. 도움을 받아야 할 때가 오면 다시 찾아뵙겠습니다."

테무친은 완 칸의 태도에 어쩐지 믿음이 생기지 않았습니다. 그래서 우선 자신의 힘을 키워야겠다고 생각했습니다.

그 무렵 테무친이 훌륭한 청년이라는 소문을 듣고 모여드는 사람들이 점점 늘어났습니다. 그러자 테무친은 '청년 훈련소'를 만들어 새로운 부하들에게 무술 훈련을 시켰습니다.

그러던 어느 날, 느닷없이 메르키트 족 군대가 쳐들어왔습니다.

"모두 말을 타고 보르칸 산으로 몸을 피하라!"

테무친은 앞장서서 마을 사람들을 숲속으로 피신시켰습니다. 그들은 메르키트 족을 간신히 따돌리고 목숨을 구할 수 있었습니다.

"메르키트 족에게 따끔한 맛을 보여 주자."

보오르추가 분하다는 듯 말했습니다.

그러나 몽골 부족 군대로는 메르키트 족과 싸워 이길 수가 없었습니다. 그래서 테무친은 자무카에게 도움을 청하기로 했습니다.

"테무친, 무슨 일이야? 네 얼굴이 쫓기는 사람처럼 보여."

자무카가 깜짝 놀라 물었습니다.

"부끄러운 이야기지만 너의 도움을 받으러 왔어."

"어서 말해 봐. 나는 언제든 너를 도와줄 준비가 되어 있으니까."

"고맙다, 자무카! 사실은 메르키트 족에게 습격을 당했어. 완 칸에게 도움을 청하려고 하는데, 나와 함께 카라코룸으로 가 주겠니?"

"좋아. 완 칸은 내 말이라면 무엇이든 들어줄 거야."

테무친과 자무카가 카라코룸에 도착한 것은 보르칸 산을 출발한 지 한 달이 훌쩍 지나서였습니다.

자무카로부터 자세한 이야기를 들은 완 칸은 테무친에게 말했습니다.

"아들아! 언젠가 내가 너에게 했던 약속을 기억하느냐?"

"네, 언제든 도움이 필요하면 도와주겠다고 하셨습니다."

"그 약속을 지킬 때가 왔구나. 나는 3만 명의 군사를 이끌고

칭기즈 칸의 말 동상

즉시 출동하겠다."

완 칸은 군사를 이끌고 그날 밤 컨테이 산을 향해 출발했습니다. 보르칸 산으로 돌아온 테무친도 곧 부하들에게 진격 명령을 내렸습니다.

완 칸과 자무카, 테무친 동맹군의 무서운 기세에 메르키트족 군사들은 무기 한번 제대로 잡아 보지 못하고 모두 죽고 말았습니다.

# 칸의 자리에 오르다

　테무친이 몽골 부족을 다시 일으켜 세웠다는 소문을 듣고 사막의 유목민들이 하나둘 모여들었습니다. 테무친의 세력은 점점 커졌습니다.

　그 즈음 여러 귀족들은 테무친을 칸(왕)으로 모시기로 의견을 모았습니다.

　"앞으로 우리는 당신을 칸으로 받들기로 했습니다. 이제 우리 목숨은 당신에게 바친 것이나 다름없습니다."

　이리하여 테무친은 마침내 칸의 자리에 오르게 되었습니다.

테무친은 곧 여러 가지 부서를 정하고, 책임자를 임명했습니다. 그리고 카라코룸과 자다란으로 사신을 보냈습니다.

"아, 테무친이 드디어 왕이 되었구나. 내가 진심으로 기뻐하더라고 전해 다오."

완 칸은 테무친이 칸이 된 것을 기뻐했지만, 자무카는 이를 시기하여 별로 좋아하지 않았습니다.

테무친이 칸의 자리에 오르고 얼마 지나지 않아 완 칸은 동생 엘케카라에게 칸의 자리를 빼앗기고 테무친에게로 오게 되었습니다.

테무친은 그를 따뜻하게 맞아 주었고, 나이만 족을 공격하여 완 칸에게 나라를 다시 찾아 주었습니다. 그런데 완 칸은 평소 테무친을 시기하던 자무카의 꾐에 빠져 나이만 족의 타양 칸과 함께 몽골로 쳐들어왔습니다. 테무친은 케레이트 족과 나이만 족을 멸망시킬 수밖에 없었습니다.

자무카는 간신히 살아남아 도망쳤지만 곧 부하들 손에 붙잡혀 테무친 앞으로 끌려왔습니다.

테무친은 어떻게든 의형제인 자무카를 살려 주고 싶었습니다. 그러나 자무카는 그동안의 죄를 뉘우치고는 죽기만을 고집했습니다. 테무친은 할 수 없이 그의 소원대로 해 주었습니다.

몽골 전체를 하나로 통일한 테무친은 '광명의 신'이라는 뜻이 담긴 '칭기즈 칸'의 칭호를 받게 되었습니다.

조상 암바카이 칸의 유언을 한시도 잊지 않고 있던 칭기즈 칸은 드디어 복수를 결심하고 금나라를 공격할 준비를 갖추었습니다.

그는 금나라를 공격하기에 앞서 서하(중국 북서 지역에 있었던 탕구트 부족의 나라)를 먼저 공격하기로 했습니다. 서하와의 싸움에서 이긴 칭기즈 칸은 만리장성을 넘어 금나라의 수도인 중도(지금의 베이징)를 무너뜨렸습니다.

칭기즈 칸은 금나라의 학자 야율초재로부터 많은 가르침을 받았습니다. 그리고 그의 충고를 받아들여 호라즘(중앙아시아와 이란을 지배했던 왕조) 왕국으로 상인들을 보냈습니다.

그러나 몽골 상인들은 첩자라는 죄를 뒤집어쓰고 모조리 학

살을 당했습니다.

　"몽골 형제들의 원수를 갚아 주자! 지금 당장 호라즘 왕국을
쳐부수자!"

　칭기즈 칸은 군사들을 이끌고 호라즘을 향해 출발했습니다.
복수심에 불타는 몽골 군은 용감하게 적을 무찌르면서 호라
즘의 수도 사마르칸트로 쳐들어갔습니다.

　호라즘은 곧 칭기즈 칸 앞에 무릎을 꿇었습니다.

　호라즘의 왕 무하마드는 카스피 해의 여러 섬으로 도망을
다니다가 병을 얻어 결국 죽고 말았습니다.

# 영웅의 죽음

1225년 봄, 칭기즈 칸은 대원정(적과 싸우기 위해 먼 곳으로 나가는 일)을 끝내고 몽골로 돌아왔습니다. 그리고 톨 강변에서 승리를 축하하는 잔치를 베풀었습니다.

"호라즘과의 전쟁이 길어진 것은 서하가 우리를 돕지 않았기 때문이야."

칭기즈 칸은 이 일을 못마땅하게 여겨 서하를 다시 공격하기로 했습니다.

'검은 숲'에서 출발한 몽골 군대는 국경을 넘어 서하의 수도

중흥부로 진격했습니다.

몽골 군대가 중흥부를 포위하자 국왕 이현이 칭기즈 칸에게 급히 사신을 보내왔습니다.

"대왕님과 싸울 생각이 없습니다. 곧 항복하겠으니 한 달만 기다려 주십시오."

칭기즈 칸은 이현의 항복을 받아들이고, 중흥부에서 성을 내어 주기만을 기다리고 있었습니다.

어느 날 칭기즈 칸은 야생마 사냥을 나갔습니다.

그런데 미친 듯이 날뛰던 야생마에 부딪혀 그만 말에서 떨어지고 말았습니다. 이 일로 칭기즈 칸은 자리에 눕고 말았습니다.

"폐하, 서하의 토벌은 몸이 나으실 때까지 미루시는 것이 좋겠습니다."

신하들이 말렸지만 칭기즈 칸은 말을 듣지 않았습니다.

"지금 후퇴하면 서하 사람들이 나를 비웃을 것이다."

칭기즈 칸은 아픈 몸으로도 공격을 멈추지 않았습니다. 그

러는 사이 몸은 점점 쇠약해져 갔습니다.

죽음이 다가온 것을 느낀 칭기즈 칸은 자식들을 불렀습니다. 그리고 셋째 아들에게 말했습니다.

"이거데이야, 내가 죽으면 네가 전군을 지휘하도록 하여라. 그리고 고향에 돌아갈 때까지는 내가 죽었다는 것을 비밀로 해야 한다."

칭기즈 칸은 서하가 약속을 어기고 항복을 하지 않으면 이현을 잡아서 죽이라는 말도 잊지 않았습니다.

있는 힘을 다해 말을 마친 칭기즈 칸은 베개 위로 머리를 떨어뜨렸습니다. 이것이 칭기즈 칸의 마지막 명령이었습니다.

이거데이는 약속을 어긴 서하의 중흥부를 공격하여 국왕 이현을 잡아서 죽였습니다. 그리고 칭기즈 칸의 죽음을 숨긴 채 고향으로 무사히 돌아왔습니다.

칭기즈 칸의 유해(죽은 사람의 뼈)는 영웅의 죽음을 슬퍼하는 많은 사람들에게 둘러싸인 가운데 성스러운 보르칸 산의 큰 나무 아래에 묻혔습니다.

**칭기즈 칸의 동상** | 몽골의 수흐바타르 광장에 세워진 위대한 정복자 칭기즈 칸의 석상입니다.

몽골 제국의 각지에서 칭기즈 칸의 무덤에 참배하러 오는 사람들이 줄을 이었습니다. 그러나 어느 누구도 가까이 가는 것은 허락되지 않았습니다. 그리하여 시간이 지나자 그곳은 울창한 밀림으로 변해 어디에 무덤이 있었는지조차 알 수 없게 되었습니다. ✿

| 연 대 | 발 자 취 |
|---|---|
| 1162년(0세) | 몽골 부족의 족장인 예수게이의 아들로 태어나다(출생 연도는 1155년, 1162년, 1167년 등 세 가지 설이 있음). |
| 1170년(8세) | 보르테와 약혼을 하다. 아버지 예수게이가 독살당하다. |
| 1179년(17세) | 데이 세첸의 딸 보르테와 결혼하다. |
| 1183년(21세) | 완 칸과 자무카의 도움으로 메르키트 족을 무찌르다. |
| 1189년(27세) | 옛 몽골의 귀족들과 여러 부족의 추대를 받아 몽골의 왕이 되다. |
| 1194년(32세) | 타타르 족을 무찌르다. |
| 1201년(39세) | 자무카 군과 케레이트 족을 무찌르다. |
| 1203년(41세) | 서방의 나이만 족을 무찌르다. |
| 1204년(42세) | 몽골을 통일하고 칭기즈 칸이 되다. |
| 1209년(47세) | 서하 원정을 떠나다. |
| 1211년(49세) | 고비 사막을 넘어 금나라 원정에 나서다. |
| 1215년(53세) | 금나라 수도인 중도(베이징)를 공격하다. |
| 1219년(57세) | 금나라를 함락시킨 후, 호라즘 원정에 나서다. |
| 1225년(63세) | 호라즘 왕국의 원정을 끝내고 몽골로 돌아오다. |
| 1227년(65세) | 서하로 다시 원정을 나갔다가 사냥 중에 말에서 떨어지다. 이 사고로 병을 얻어 세상을 떠나다. |

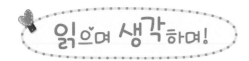

## 읽으며 생각하며!

1. 칭기즈 칸은 어떤 부족을 통일시켰나요?

2. 그 아버지가 용감한 적장의 이름을 따서 지었다는, 칭기즈 칸의 어릴 적 이름은 무엇인가요? 다음 (   ) 안에 들어갈 이름을 적어 보세요.

"테무친, 너는 적군이지만 훌륭한 군인이 었다. 네 이름을 나에게 다오. 내 아들의 이름을 테무친이라고 하겠다."

예수게이는 죽은 적장(적군의 장수) 앞에서 이렇게 말했습니다. 그리고 그 자리에서 즉시, 태어난 아기에게 (          )이라는 이름을 지어 주었습니다.

용감한 적장의 이름을 그대로 물려받은 테무친, 그가 바로 훗날 몽골 왕국의 주인이 되어 대륙을 호령한 칭기즈 칸입니다.

3. 적에게 잡힌 칭기즈 칸이 탈출에 성공했을 때, 소르칸 시라는 칭기즈 칸을 어디에 숨겨 주었나요?

4. 다음은 칭기즈 칸이 케레이트의 왕 완 칸을 만난 뒤에 일어난 일입니다. 글을 읽고 밑줄 친 부분에 대해 어떻게 생각하는지 적어 보세요.

"나와 예수게이는 의형제를 맺은 사이다. 그러니 네 부탁이라면 무엇이든 다 들어주겠다."

"고맙습니다. 도움을 받아야 할 때가 오면 다시 찾아뵙겠습니다."

테무친은 완 칸의 태도에 어쩐지 믿음이 생기지 않았습니다. 그래서 우선 자신의 힘을 키워야겠다고 생각했습니다.

5. 칭기즈 칸의 아버지 예수게이가 세상을 떠나자 예수게이와 뜻을 같이 하던 사람들이 등을 돌렸습니다. 굳은 동맹이 깨어진 것이지요. 여러분 도 이와 비슷한 행동을 한 적이 있나요? 그랬다면 그때 어떤 생각이 들었는지 얘기해 보세요.

6. 칭기즈 칸은 왕의 자리에 오르자 여러 부서를 정하고 책임자를 임명했습니다. 그리고 여러 부족에 사신을 보내기도 했지요. 만약 여러분이 왕이 된다면 가장 먼저 어떤 일을 할지 생각해 보고, 그렇게 생각한 이유를 함께 적어 보세요.

_____

_____

_____

_____


7. 다음 글은 의형제 자무카가 칭기즈 칸을 배신한 내용을 담고 있습니다. 자무카의 행동을 어떻게 생각하는지 자신의 의견을 써 보세요.

> 완 칸은 평소 테무친을 시기하던 자무카의 꾐에 빠져 나이만 족의 타양 칸과 함께 몽골로 쳐들어왔습니다. 테무친은 케레이트 족과 나이만 족을 멸망시킬 수밖에 없었습니다.
> 자무카는 간신히 살아남아 도망쳤지만 곧 부하들 손에 붙잡혀 테무친 앞으로 끌려왔습니다. 테무친은 어떻게든 의형제인 자무카를 살려 주고 싶었습니다. 그러나 자무카는 그동안의 죄를 뉘우치고는 죽기만을 고집했습니다.

_____

_____

_____

_____

 풀이

1. 몽골

2. 테무친

3. 양모를 쌓아 놓은 수레.

4. 예시 : 다른 사람에게 무조건 기대는 것은 좋은 태도가 아니다. 그러다 보면 자기 생각이 없어지고, 스스로 무언가를 할 수 있는 힘을 기르지 못한다. 다른 사람의 생각에 휘둘리거나 나쁜 말에 속아 넘어갈 수도 있다. 칭기즈 칸도 그런 생각에서 자신의 힘을 키워야겠다고 마음먹은 것 같다. 무슨 일을 하든 자신의 힘으로 하려는 태도를 가지고 있었기에 칭기즈 칸은 오늘날까지 많은 사람들에게 존경받는 영웅이 될 수 있었던 것이다.

5. 예시 : 학교에 약한 친구를 괴롭히는 아이가 있었다. 그래서 친한 친구들끼리 모여 그런 행동을 하지 말라고 이야기하기로 결정했다. 그런데 막상 그 이야기를 하려고 하자 용기가 나지 않아 그만 핑계를 대고 빠져나와 버렸다. 그런 행동을 하고 나자 나 자신이 너무 부끄럽고 창피했다. 그 뒤부터는 약속을 하면 반드시 지키려고 노력했고, 약속을 하기 전에 내가 지킬 수 있는지 좀 더 깊이 생각하게 되었다.

6. 예시 : 내가 왕이 된다면 가장 먼저 가난한 아이들이 열심히 공부할 수 있도록 할 것이다. 자라나는 어린이들이 배우지 못하면 우리나라가 강해질 수 없다고 생각하기 때문이다. 돈 걱정 없이 마음 놓고 공부만 할 수 있도록 나라에서 필요한 것들을 도와주는 것이 곧 국가를 강하게 하는 방법이 될 것이다.

7. 예시 : 자신의 잘못을 뉘우친 것은 옳은 행동이지만, 끝까지 고집을 피워 목숨을 잃은 것은 그다지 현명하지 못하다고 생각한다. 진정으로 잘못을 뉘우쳤다면 칭기즈 칸에게 용서를 빌고 그에게 도움을 주도록 노력하는 것이 옳지 않을까? 그렇게 했다면 아까운 목숨도 잃지 않았을 것이고, 다른 사람들에게도 좋은 교훈을 주었을 것이다.

## 한국사 (위쪽)

**광개토 태왕** (374~412)
**연개소문** (?~666)
**을지문덕** (?~?)
**김유신** (595~673)
**대조영** (?~719)
**왕건** (877~943)
**장보고** (?~846)
**강감찬** (948~1031)

**최무선** (1328~1395)
**황희** (1363~1452)
**세종대왕** (1397~1450)
**장영실** (?~?)

**신사임당** (1504~1551)
**이이** (1536~1584)
**허준** (1539~1615)
**유성룡** (1542~1607)

**한석봉** (1543~1605)
**이순신** (1545~1598)
**오성과 한음** (오성 1556~1618 / 한음 1561~1613)

고구려 살수 대첩 (612)
신라 삼국 통일 (676)

견훤 후백제 건국 (900)
궁예 후고구려 건국 (901)

고려 강화로 도읍 옮김 (1232)
개경 환도, 삼별초 대몽 항쟁 (1270)

문익점 원에서 목화씨 가져옴 (1363)
최무선 화약 만듦 (1377)
조선 건국 (1392)

허준 동의보감 완성 (1610)
병자호란 (1636)
상평통보 전국 유통 (1678)

고조선 건국 (B.C. 2333)
철기 문화 보급 (B.C. 300년경)
고조선 멸망 (B.C. 108)
고구려 불교 전래 (372)
신라 불교 공인 (527)
대조영 발해 건국 (698)
장보고 청해진 설치 (828)
왕건 고려 건국 (918)
귀주 대첩 (1019)
윤관 여진 정벌 (1107)
훈민정음 창제 (1443)
임진왜란 (1592~1598)
한산도 대첩 (1592)

| B.C. | 선사 시대 및 연맹 왕국 시대 | A.D. 삼국 시대 | 698 남북국 시대 | 918 | 고려 시대 | 1392 |

| 2000 | 500 | 400 | 300 | 100 | 0 | 300 | 500 | 600 | 800 | 900 | 1000 | 1100 | 1200 | 1300 | 1400 | 1500 | 1600 |

| B.C. | 고대 사회 | A.D. 375 | 중세 사회 | 1400 |

## 세계사 (아래쪽)

중국 황하 문명 시작 (B.C. 2500년경)
인도 석가모니 탄생 (B.C. 563년경)
알렉산더 대왕 동방 원정 (B.C. 334)
크리스트교 공인 (313)
수나라 중국 통일 (589)
이슬람교 창시 (610)
수 멸망 당나라 건국 (618)
러시아 건국 (862)
거란 건국 (918)
송 태종 중국 통일 (979)
제1차 십자군 원정 (1096)
테무친 몽골 통일 칭기즈 칸이 됨 (1206)
원 제국 성립 (1271)
원 멸망 명 건국 (1368)
잔 다르크 영국군 격파 (1429)
구텐베르크 금속 활자 발명 (1450)
코페르니쿠스 지동설 주장 (1543)
도요토미 히데요시 일본 통일 (1590)
독일 30년 전쟁 (1618)
영국 청교도 혁명 (1642~1649)
뉴턴 만유인력의 법칙 발견 (1665)

게르만 민족 대이동 시작 (375)
로마 제국 동서로 분열 (395)

**석가모니** (B.C. 563?~B.C. 483?)
**예수** (B.C. 4?~A.D. 30)
**칭기즈 칸** (1162~1227)

주시경
(1876~1914)

김구
(1876~1949)

정약용
(1762~1836)

안창호
(1878~1938)

우장춘
(1898~1959)

유관순
(1902~1920)

김정호
(?~?)

안중근
(1879~1910)

방정환
(1899~1931)

윤봉길
(1908~1932)

이중섭
(1916~1956)

백남준
(1932~2006)

이태석
(1962~2010)

| | | 최제우 동학 창시 (1860) | 강화도 조약 체결 (1876) | | 동학 농민 운동, 갑오 개혁 (1894) | 을사 조약 (1905) | | | 8·15 광복 (1945) | | 6·29 민주화 선언 (1987) | |
|---|---|---|---|---|---|---|---|---|---|---|---|---|
| 이승훈 천주교 전도 (1784) | | 김정호 대동여 지도 제작 (1861) | 지석영 종두법 전래 (1879) | 갑신 정변 (1884) | 대한 제국 성립 (1897) | 헤이그 특사 파견, 고종 퇴위 (1907) | 한일 강제 합방 (1910) 3·1 운동 (1919) | 어린이날 제정 (1922) | 윤봉길·이봉창 의거 (1932) | 대한 민국 정부 수립 (1948) | 6·25 전쟁 (1950~1953) | 10·26 사태 (1979) 서울 올림픽 개최 (1988) | 북한 김일성 사망 (1994) 의약 분업 실시 (2000) |

| 조선 시대 | | | | 1876 개화기 | 1897 대한 제국 | 1910 일제 강점기 | | | | 1948 대한민국 | | | |
|---|---|---|---|---|---|---|---|---|---|---|---|---|---|

| 1700 | 1800 | 1850 | 1860 | 1870 | 1880 | 1890 | 1900 | 1910 | 1920 | 1930 | 1940 | 1950 | 1970 | 1980 | 1990 | 2000 |
|---|---|---|---|---|---|---|---|---|---|---|---|---|---|---|---|---|

| | 근대 사회 | | | | | | 1900 | | | 현대 사회 | | | | | | |
|---|---|---|---|---|---|---|---|---|---|---|---|---|---|---|---|---|

| 미국 독립 선언 (1776) 프랑스 대혁명 (1789) | 청·영국 아편 전쟁 (1840~1842) | | 미국 남북 전쟁 (1861~1865) | 베를린 회의 (1878) | 청· 프랑스 전쟁 (1884~1885) | 청·일 전쟁 (1894~1895) 헤이그 평화 회의 (1899) | 영·일 동맹 (1902) 러·일 전쟁 (1904~1905) | 제1차 세계 대전 (1914~1918) 러시아 혁명 (1917) | 세계 경제 대공황 시작 (1929) | 제2차 세계 대전 (1939~1945) | 태평양 전쟁 (1941~1945) 국제 연합 성립 (1945) | 소련 세계 최초 인공위성 발사 (1957) | 제4차 중동 전쟁 (1973) 소련 아프가니 스탄 침공 (1979) | 미국 우주 왕복선 콜럼비아 호 발사 (1981) | 독일 통일 (1990) 유럽 11개국 단일 통화 유로화 채택 (1998) | 미국 9·11 테러 (2001) |

| 워싱턴 (1732~1799) 페스탈 로치 (1746~1827) 모차 르트 (1756~1791) 나폴 레옹 (1769~1821) | 링컨 (1809~1865) 나이팅 게일 (1820~1910) 파브르 (1823~1915) 노벨 (1833~1896) 에디슨 (1847~1931) | 가우디 (1852~1926) | 라이트 형제 (형, 윌버 1867~1912 / 동생, 오빌 1871~1948) 마리 퀴리 (1867~1934) 간디 (1869~1948) | 아문센 (1872~1928) 슈바이처 (1875~1965) 아인슈 타인 (1879~1955) | 헬렌 켈러 (1880~1968) | | | 테레사 (1910~1997) 만델라 (1918~2013) | 마틴 루서 킹 (1929~1968) | | 스티븐 호킹 (1942~2018) | 오프라 윈프리 (1954~) 스티브 잡스 (1955~2011) 빌 게이츠 (1955~) | | | | |

2019년 1월 10일 2판 2쇄 **펴냄**
2008년 8월 20일 1판 1쇄 **펴냄**

**펴낸곳** (주)효리원
**펴낸이** 윤종근
**글쓴이** 민현숙 · **그린이** 김충열
**사진 제공** 중앙포토, 연합뉴스
**등록** 1990년 12월 20일 · **번호** 2-1108
**우편 번호** 01347
**주소** 서울시 종로구 삼일대로 457, 1206호
**대표 전화** 02)3675-5222 · **편집부** 02)3675-5225
**팩시밀리** 02)765-5222

ⓒ 2008 · 2013, (주)효리원

ISBN 978-89-281-0314-0 64990
**홈페이지** www.hyoreewon.com